SCHEDULED BILLS

	Expense	AMOUNT		DATE DUE
1				
2				
3				
4				
5				
6				
7				
8				
9				
10				
11				
12				
13				
14				
15				
16				
17				
18				
19				
20				
21				
22				
23				
24				
25				

NOTES:

CHECK AND DEBIT REGISTER

	Date	Description	Ref	Debit (-)		Credit (+)		Balance	
1									
2									
3									
4									
5									
6									
7									
8									
9									
10									
11									
12									
13									
14									
15									
16									
17									
18									
19									
20									
21									
22									
23									
24									
25									

NOTES:

CHECK AND DEBIT REGISTER

	Date	Description	Ref	Debit (-)		Credit (+)		Balance	
1									
2									
3									
4									
5									
6									
7									
8									
9									
10									
11									
12									
13									
14									
15									
16									
17									
18									
19									
20									
21									
22									
23									
24									
25									

NOTES:

CHECK AND DEBIT REGISTER

	Date	Description	Ref	Debit (-)		Credit (+)		Balance	
1									
2									
3									
4									
5									
6									
7									
8									
9									
10									
11									
12									
13									
14									
15									
16									
17									
18									
19									
20									
21									
22									
23									
24									
25									

NOTES:

CHECK AND DEBIT REGISTER

	Date	Description	Ref	Debit (-)		Credit (+)		Balance	
1									
2									
3									
4									
5									
6									
7									
8									
9									
10									
11									
12									
13									
14									
15									
16									
17									
18									
19									
20									
21									
22									
23									
24									
25									

NOTES:

CHECK AND DEBIT REGISTER

	Date	Description	Ref	Debit (-)		Credit (+)		Balance	
1									
2									
3									
4									
5									
6									
7									
8									
9									
10									
11									
12									
13									
14									
15									
16									
17									
18									
19									
20									
21									
22									
23									
24									
25									

NOTES:

CHECK AND DEBIT REGISTER

	Date	Description	Ref	Debit (-)		Credit (+)		Balance	
1									
2									
3									
4									
5									
6									
7									
8									
9									
10									
11									
12									
13									
14									
15									
16									
17									
18									
19									
20									
21									
22									
23									
24									
25									

NOTES:

CHECK AND DEBIT REGISTER

	Date	Description	Ref	Debit (-)	Credit (+)	Balance
1						
2						
3						
4						
5						
6						
7						
8						
9						
10						
11						
12						
13						
14						
15						
16						
17						
18						
19						
20						
21						
22						
23						
24						
25						

NOTES:

CHECK AND DEBIT REGISTER

	Date	Description	Ref	Debit (-)		Credit (+)		Balance	
1									
2									
3									
4									
5									
6									
7									
8									
9									
10									
11									
12									
13									
14									
15									
16									
17									
18									
19									
20									
21									
22									
23									
24									
25									

NOTES:

CHECK AND DEBIT REGISTER

	Date	Description	Ref	Debit (-)		Credit (+)		Balance	
1									
2									
3									
4									
5									
6									
7									
8									
9									
10									
11									
12									
13									
14									
15									
16									
17									
18									
19									
20									
21									
22									
23									
24									
25									

NOTES:

CHECK AND DEBIT REGISTER

	Date	Description	Ref	Debit (-)		Credit (+)		Balance	
1									
2									
3									
4									
5									
6									
7									
8									
9									
10									
11									
12									
13									
14									
15									
16									
17									
18									
19									
20									
21									
22									
23									
24									
25									

NOTES:

CHECK AND DEBIT REGISTER

	Date	Description	Ref	Debit (-)		Credit (+)		Balance	
1									
2									
3									
4									
5									
6									
7									
8									
9									
10									
11									
12									
13									
14									
15									
16									
17									
18									
19									
20									
21									
22									
23									
24									
25									

NOTES:

CHECK AND DEBIT REGISTER

	Date	Description	Ref	Debit (-)		Credit (+)		Balance	
1									
2									
3									
4									
5									
6									
7									
8									
9									
10									
11									
12									
13									
14									
15									
16									
17									
18									
19									
20									
21									
22									
23									
24									
25									

NOTES:

CHECK AND DEBIT REGISTER

	Date	Description	Ref	Debit (-)		Credit (+)		Balance	
1									
2									
3									
4									
5									
6									
7									
8									
9									
10									
11									
12									
13									
14									
15									
16									
17									
18									
19									
20									
21									
22									
23									
24									
25									

NOTES:

CHECK AND DEBIT REGISTER

	Date	Description	Ref	Debit (-)		Credit (+)		Balance	
1									
2									
3									
4									
5									
6									
7									
8									
9									
10									
11									
12									
13									
14									
15									
16									
17									
18									
19									
20									
21									
22									
23									
24									
25									

NOTES:

CHECK AND DEBIT REGISTER

	Date	Description	Ref	Debit (-)		Credit (+)		Balance	
1									
2									
3									
4									
5									
6									
7									
8									
9									
10									
11									
12									
13									
14									
15									
16									
17									
18									
19									
20									
21									
22									
23									
24									
25									

NOTES:

CHECK AND DEBIT REGISTER

	Date	Description	Ref	Debit (-)		Credit (+)		Balance	
1									
2									
3									
4									
5									
6									
7									
8									
9									
10									
11									
12									
13									
14									
15									
16									
17									
18									
19									
20									
21									
22									
23									
24									
25									

NOTES:

CHECK AND DEBIT REGISTER

	Date	Description	Ref	Debit (-)		Credit (+)		Balance	
1									
2									
3									
4									
5									
6									
7									
8									
9									
10									
11									
12									
13									
14									
15									
16									
17									
18									
19									
20									
21									
22									
23									
24									
25									

NOTES:

CHECK AND DEBIT REGISTER

	Date	Description	Ref	Debit (-)		Credit (+)		Balance	
1									
2									
3									
4									
5									
6									
7									
8									
9									
10									
11									
12									
13									
14									
15									
16									
17									
18									
19									
20									
21									
22									
23									
24									
25									

NOTES:

CHECK AND DEBIT REGISTER

	Date	Description	Ref	Debit (-)		Credit (+)		Balance	
1									
2									
3									
4									
5									
6									
7									
8									
9									
10									
11									
12									
13									
14									
15									
16									
17									
18									
19									
20									
21									
22									
23									
24									
25									

NOTES:

CHECK AND DEBIT REGISTER

	Date	Description	Ref	Debit (-)		Credit (+)		Balance	
1									
2									
3									
4									
5									
6									
7									
8									
9									
10									
11									
12									
13									
14									
15									
16									
17									
18									
19									
20									
21									
22									
23									
24									
25									

NOTES:

CHECK AND DEBIT REGISTER

	Date	Description	Ref	Debit (-)		Credit (+)		Balance	
1									
2									
3									
4									
5									
6									
7									
8									
9									
10									
11									
12									
13									
14									
15									
16									
17									
18									
19									
20									
21									
22									
23									
24									
25									

NOTES:

CHECK AND DEBIT REGISTER

	Date	Description	Ref	Debit (-)		Credit (+)		Balance	
1									
2									
3									
4									
5									
6									
7									
8									
9									
10									
11									
12									
13									
14									
15									
16									
17									
18									
19									
20									
21									
22									
23									
24									
25									

NOTES:

CHECK AND DEBIT REGISTER

	Date	Description	Ref	Debit (-)		Credit (+)		Balance	
1									
2									
3									
4									
5									
6									
7									
8									
9									
10									
11									
12									
13									
14									
15									
16									
17									
18									
19									
20									
21									
22									
23									
24									
25									

NOTES:

CHECK AND DEBIT REGISTER

	Date	Description	Ref	Debit (-)		Credit (+)		Balance	
1									
2									
3									
4									
5									
6									
7									
8									
9									
10									
11									
12									
13									
14									
15									
16									
17									
18									
19									
20									
21									
22									
23									
24									
25									

NOTES:

CHECK AND DEBIT REGISTER

	Date	Description	Ref	Debit (-)	Credit (+)	Balance
1						
2						
3						
4						
5						
6						
7						
8						
9						
10						
11						
12						
13						
14						
15						
16						
17						
18						
19						
20						
21						
22						
23						
24						
25						

NOTES:

CHECK AND DEBIT REGISTER

	Date	Description	Ref	Debit (-)		Credit (+)		Balance	
1									
2									
3									
4									
5									
6									
7									
8									
9									
10									
11									
12									
13									
14									
15									
16									
17									
18									
19									
20									
21									
22									
23									
24									
25									

NOTES:

CHECK AND DEBIT REGISTER

	Date	Description	Ref	Debit (-)		Credit (+)		Balance	
1									
2									
3									
4									
5									
6									
7									
8									
9									
10									
11									
12									
13									
14									
15									
16									
17									
18									
19									
20									
21									
22									
23									
24									
25									

NOTES:

CHECK AND DEBIT REGISTER

	Date	Description	Ref	Debit (-)		Credit (+)		Balance	
1									
2									
3									
4									
5									
6									
7									
8									
9									
10									
11									
12									
13									
14									
15									
16									
17									
18									
19									
20									
21									
22									
23									
24									
25									

NOTES:

CHECK AND DEBIT REGISTER

	Date	Description	Ref	Debit (-)		Credit (+)		Balance	
1									
2									
3									
4									
5									
6									
7									
8									
9									
10									
11									
12									
13									
14									
15									
16									
17									
18									
19									
20									
21									
22									
23									
24									
25									

NOTES:

CHECK AND DEBIT REGISTER

	Date	Description	Ref	Debit (-)		Credit (+)		Balance	
1									
2									
3									
4									
5									
6									
7									
8									
9									
10									
11									
12									
13									
14									
15									
16									
17									
18									
19									
20									
21									
22									
23									
24									
25									

NOTES:

CHECK AND DEBIT REGISTER

	Date	Description	Ref	Debit (-)		Credit (+)		Balance	
1									
2									
3									
4									
5									
6									
7									
8									
9									
10									
11									
12									
13									
14									
15									
16									
17									
18									
19									
20									
21									
22									
23									
24									
25									

NOTES:

CHECK AND DEBIT REGISTER

	Date	Description	Ref	Debit (-)		Credit (+)		Balance	
1									
2									
3									
4									
5									
6									
7									
8									
9									
10									
11									
12									
13									
14									
15									
16									
17									
18									
19									
20									
21									
22									
23									
24									
25									

NOTES:

CHECK AND DEBIT REGISTER

	Date	Description	Ref	Debit (-)		Credit (+)		Balance	
1									
2									
3									
4									
5									
6									
7									
8									
9									
10									
11									
12									
13									
14									
15									
16									
17									
18									
19									
20									
21									
22									
23									
24									
25									

NOTES:

CHECK AND DEBIT REGISTER

	Date	Description	Ref	Debit (-)		Credit (+)		Balance	
1									
2									
3									
4									
5									
6									
7									
8									
9									
10									
11									
12									
13									
14									
15									
16									
17									
18									
19									
20									
21									
22									
23									
24									
25									

NOTES:

CHECK AND DEBIT REGISTER

	Date	Description	Ref	Debit (-)	Credit (+)	Balance
1						
2						
3						
4						
5						
6						
7						
8						
9						
10						
11						
12						
13						
14						
15						
16						
17						
18						
19						
20						
21						
22						
23						
24						
25						

NOTES:

CHECK AND DEBIT REGISTER

	Date	Description	Ref	Debit (-)		Credit (+)		Balance	
1									
2									
3									
4									
5									
6									
7									
8									
9									
10									
11									
12									
13									
14									
15									
16									
17									
18									
19									
20									
21									
22									
23									
24									
25									

NOTES:

CHECK AND DEBIT REGISTER

	Date	Description	Ref	Debit (-)		Credit (+)		Balance	
1									
2									
3									
4									
5									
6									
7									
8									
9									
10									
11									
12									
13									
14									
15									
16									
17									
18									
19									
20									
21									
22									
23									
24									
25									

NOTES:

CHECK AND DEBIT REGISTER

	Date	Description	Ref	Debit (-)		Credit (+)		Balance	
1									
2									
3									
4									
5									
6									
7									
8									
9									
10									
11									
12									
13									
14									
15									
16									
17									
18									
19									
20									
21									
22									
23									
24									
25									

NOTES:

CHECK AND DEBIT REGISTER

	Date	Description	Ref	Debit (-)		Credit (+)		Balance	
1									
2									
3									
4									
5									
6									
7									
8									
9									
10									
11									
12									
13									
14									
15									
16									
17									
18									
19									
20									
21									
22									
23									
24									
25									

NOTES:

CHECK AND DEBIT REGISTER

	Date	Description	Ref	Debit (-)		Credit (+)		Balance	
1									
2									
3									
4									
5									
6									
7									
8									
9									
10									
11									
12									
13									
14									
15									
16									
17									
18									
19									
20									
21									
22									
23									
24									
25									

NOTES:

CHECK AND DEBIT REGISTER

	Date	Description	Ref	Debit (-)	Credit (+)	Balance
1						
2						
3						
4						
5						
6						
7						
8						
9						
10						
11						
12						
13						
14						
15						
16						
17						
18						
19						
20						
21						
22						
23						
24						
25						

NOTES:

CHECK AND DEBIT REGISTER

	Date	Description	Ref	Debit (-)		Credit (+)		Balance	
1									
2									
3									
4									
5									
6									
7									
8									
9									
10									
11									
12									
13									
14									
15									
16									
17									
18									
19									
20									
21									
22									
23									
24									
25									

NOTES:

CHECK AND DEBIT REGISTER

	Date	Description	Ref	Debit (-)		Credit (+)		Balance	
1									
2									
3									
4									
5									
6									
7									
8									
9									
10									
11									
12									
13									
14									
15									
16									
17									
18									
19									
20									
21									
22									
23									
24									
25									

NOTES:

CHECK AND DEBIT REGISTER

	Date	Description	Ref	Debit (-)		Credit (+)		Balance	
1									
2									
3									
4									
5									
6									
7									
8									
9									
10									
11									
12									
13									
14									
15									
16									
17									
18									
19									
20									
21									
22									
23									
24									
25									

NOTES:

CHECK AND DEBIT REGISTER

	Date	Description	Ref	Debit (-)		Credit (+)		Balance	
1									
2									
3									
4									
5									
6									
7									
8									
9									
10									
11									
12									
13									
14									
15									
16									
17									
18									
19									
20									
21									
22									
23									
24									
25									

NOTES:

CHECK AND DEBIT REGISTER

	Date	Description	Ref	Debit (-)		Credit (+)		Balance	
1									
2									
3									
4									
5									
6									
7									
8									
9									
10									
11									
12									
13									
14									
15									
16									
17									
18									
19									
20									
21									
22									
23									
24									
25									

NOTES:

CHECK AND DEBIT REGISTER

	Date	Description	Ref	Debit (-)	Credit (+)	Balance
1						
2						
3						
4						
5						
6						
7						
8						
9						
10						
11						
12						
13						
14						
15						
16						
17						
18						
19						
20						
21						
22						
23						
24						
25						

NOTES:

CHECK AND DEBIT REGISTER

	Date	Description	Ref	Debit (-)		Credit (+)		Balance	
1									
2									
3									
4									
5									
6									
7									
8									
9									
10									
11									
12									
13									
14									
15									
16									
17									
18									
19									
20									
21									
22									
23									
24									
25									

NOTES:

CHECK AND DEBIT REGISTER

	Date	Description	Ref	Debit (-)		Credit (+)		Balance	
1									
2									
3									
4									
5									
6									
7									
8									
9									
10									
11									
12									
13									
14									
15									
16									
17									
18									
19									
20									
21									
22									
23									
24									
25									

NOTES:

CHECK AND DEBIT REGISTER

	Date	Description	Ref	Debit (-)		Credit (+)		Balance	
1									
2									
3									
4									
5									
6									
7									
8									
9									
10									
11									
12									
13									
14									
15									
16									
17									
18									
19									
20									
21									
22									
23									
24									
25									

NOTES:

CHECK AND DEBIT REGISTER

	Date	Description	Ref	Debit (-)		Credit (+)		Balance	
1									
2									
3									
4									
5									
6									
7									
8									
9									
10									
11									
12									
13									
14									
15									
16									
17									
18									
19									
20									
21									
22									
23									
24									
25									

NOTES:

CHECK AND DEBIT REGISTER

	Date	Description	Ref	Debit (-)		Credit (+)		Balance	
1									
2									
3									
4									
5									
6									
7									
8									
9									
10									
11									
12									
13									
14									
15									
16									
17									
18									
19									
20									
21									
22									
23									
24									
25									

NOTES:

CHECK AND DEBIT REGISTER

	Date	Description	Ref	Debit (-)		Credit (+)		Balance	
1									
2									
3									
4									
5									
6									
7									
8									
9									
10									
11									
12									
13									
14									
15									
16									
17									
18									
19									
20									
21									
22									
23									
24									
25									

NOTES:

CHECK AND DEBIT REGISTER

	Date	Description	Ref	Debit (-)		Credit (+)		Balance	
1									
2									
3									
4									
5									
6									
7									
8									
9									
10									
11									
12									
13									
14									
15									
16									
17									
18									
19									
20									
21									
22									
23									
24									
25									

NOTES:

CHECK AND DEBIT REGISTER

	Date	Description	Ref	Debit (-)		Credit (+)		Balance	
1									
2									
3									
4									
5									
6									
7									
8									
9									
10									
11									
12									
13									
14									
15									
16									
17									
18									
19									
20									
21									
22									
23									
24									
25									

NOTES:

CHECK AND DEBIT REGISTER

	Date	Description	Ref	Debit (-)		Credit (+)		Balance	
1									
2									
3									
4									
5									
6									
7									
8									
9									
10									
11									
12									
13									
14									
15									
16									
17									
18									
19									
20									
21									
22									
23									
24									
25									

NOTES:

CHECK AND DEBIT REGISTER

	Date	Description	Ref	Debit (-)		Credit (+)		Balance	
1									
2									
3									
4									
5									
6									
7									
8									
9									
10									
11									
12									
13									
14									
15									
16									
17									
18									
19									
20									
21									
22									
23									
24									
25									

NOTES:

CHECK AND DEBIT REGISTER

	Date	Description	Ref	Debit (-)		Credit (+)		Balance	
1									
2									
3									
4									
5									
6									
7									
8									
9									
10									
11									
12									
13									
14									
15									
16									
17									
18									
19									
20									
21									
22									
23									
24									
25									

NOTES:

CHECK AND DEBIT REGISTER

	Date	Description	Ref	Debit (-)		Credit (+)		Balance	
1									
2									
3									
4									
5									
6									
7									
8									
9									
10									
11									
12									
13									
14									
15									
16									
17									
18									
19									
20									
21									
22									
23									
24									
25									

NOTES:

CHECK AND DEBIT REGISTER

	Date	Description	Ref	Debit (-)		Credit (+)		Balance	
1									
2									
3									
4									
5									
6									
7									
8									
9									
10									
11									
12									
13									
14									
15									
16									
17									
18									
19									
20									
21									
22									
23									
24									
25									

NOTES:

CHECK AND DEBIT REGISTER

	Date	Description	Ref	Debit (-)		Credit (+)		Balance	
1									
2									
3									
4									
5									
6									
7									
8									
9									
10									
11									
12									
13									
14									
15									
16									
17									
18									
19									
20									
21									
22									
23									
24									
25									

NOTES:

CHECK AND DEBIT REGISTER

	Date	Description	Ref	Debit (-)		Credit (+)		Balance	
1									
2									
3									
4									
5									
6									
7									
8									
9									
10									
11									
12									
13									
14									
15									
16									
17									
18									
19									
20									
21									
22									
23									
24									
25									

NOTES:

CHECK AND DEBIT REGISTER

	Date	Description	Ref	Debit (-)		Credit (+)		Balance	
1									
2									
3									
4									
5									
6									
7									
8									
9									
10									
11									
12									
13									
14									
15									
16									
17									
18									
19									
20									
21									
22									
23									
24									
25									

NOTES:

CHECK AND DEBIT REGISTER

	Date	Description	Ref	Debit (-)		Credit (+)		Balance	
1									
2									
3									
4									
5									
6									
7									
8									
9									
10									
11									
12									
13									
14									
15									
16									
17									
18									
19									
20									
21									
22									
23									
24									
25									

NOTES:

CHECK AND DEBIT REGISTER

	Date	Description	Ref	Debit (-)	Credit (+)	Balance
1						
2						
3						
4						
5						
6						
7						
8						
9						
10						
11						
12						
13						
14						
15						
16						
17						
18						
19						
20						
21						
22						
23						
24						
25						

NOTES:

CHECK AND DEBIT REGISTER

	Date	Description	Ref	Debit (-)		Credit (+)		Balance	
1									
2									
3									
4									
5									
6									
7									
8									
9									
10									
11									
12									
13									
14									
15									
16									
17									
18									
19									
20									
21									
22									
23									
24									
25									

NOTES:

CHECK AND DEBIT REGISTER

	Date	Description	Ref	Debit (-)		Credit (+)		Balance	
1									
2									
3									
4									
5									
6									
7									
8									
9									
10									
11									
12									
13									
14									
15									
16									
17									
18									
19									
20									
21									
22									
23									
24									
25									

NOTES:

CHECK AND DEBIT REGISTER

	Date	Description	Ref	Debit (-)		Credit (+)		Balance	
1									
2									
3									
4									
5									
6									
7									
8									
9									
10									
11									
12									
13									
14									
15									
16									
17									
18									
19									
20									
21									
22									
23									
24									
25									

NOTES:

CHECK AND DEBIT REGISTER

	Date	Description	Ref	Debit (-)		Credit (+)		Balance	
1									
2									
3									
4									
5									
6									
7									
8									
9									
10									
11									
12									
13									
14									
15									
16									
17									
18									
19									
20									
21									
22									
23									
24									
25									

NOTES:

CHECK AND DEBIT REGISTER

	Date	Description	Ref	Debit (-)		Credit (+)		Balance	
1									
2									
3									
4									
5									
6									
7									
8									
9									
10									
11									
12									
13									
14									
15									
16									
17									
18									
19									
20									
21									
22									
23									
24									
25									

NOTES:

CHECK AND DEBIT REGISTER

	Date	Description	Ref	Debit (-)		Credit (+)		Balance	
1									
2									
3									
4									
5									
6									
7									
8									
9									
10									
11									
12									
13									
14									
15									
16									
17									
18									
19									
20									
21									
22									
23									
24									
25									

NOTES:

CHECK AND DEBIT REGISTER

	Date	Description	Ref	Debit (-)		Credit (+)		Balance	
1									
2									
3									
4									
5									
6									
7									
8									
9									
10									
11									
12									
13									
14									
15									
16									
17									
18									
19									
20									
21									
22									
23									
24									
25									

NOTES:

CHECK AND DEBIT REGISTER

	Date	Description	Ref	Debit (-)		Credit (+)		Balance	
1									
2									
3									
4									
5									
6									
7									
8									
9									
10									
11									
12									
13									
14									
15									
16									
17									
18									
19									
20									
21									
22									
23									
24									
25									

NOTES:

CHECK AND DEBIT REGISTER

	Date	Description	Ref	Debit (-)		Credit (+)		Balance	
1									
2									
3									
4									
5									
6									
7									
8									
9									
10									
11									
12									
13									
14									
15									
16									
17									
18									
19									
20									
21									
22									
23									
24									
25									

NOTES:

CHECK AND DEBIT REGISTER

	Date	Description	Ref	Debit (-)		Credit (+)		Balance	
1									
2									
3									
4									
5									
6									
7									
8									
9									
10									
11									
12									
13									
14									
15									
16									
17									
18									
19									
20									
21									
22									
23									
24									
25									

NOTES:

CHECK AND DEBIT REGISTER

	Date	Description	Ref	Debit (-)	Credit (+)	Balance
1						
2						
3						
4						
5						
6						
7						
8						
9						
10						
11						
12						
13						
14						
15						
16						
17						
18						
19						
20						
21						
22						
23						
24						
25						

NOTES:

CHECK AND DEBIT REGISTER

	Date	Description	Ref	Debit (-)		Credit (+)		Balance	
1									
2									
3									
4									
5									
6									
7									
8									
9									
10									
11									
12									
13									
14									
15									
16									
17									
18									
19									
20									
21									
22									
23									
24									
25									

NOTES:

CHECK AND DEBIT REGISTER

	Date	Description	Ref	Debit (-)		Credit (+)		Balance	
1									
2									
3									
4									
5									
6									
7									
8									
9									
10									
11									
12									
13									
14									
15									
16									
17									
18									
19									
20									
21									
22									
23									
24									
25									

NOTES:

CHECK AND DEBIT REGISTER

	Date	Description	Ref	Debit (-)		Credit (+)		Balance	
1									
2									
3									
4									
5									
6									
7									
8									
9									
10									
11									
12									
13									
14									
15									
16									
17									
18									
19									
20									
21									
22									
23									
24									
25									

NOTES:

CHECK AND DEBIT REGISTER

	Date	Description	Ref	Debit (-)		Credit (+)		Balance	
1									
2									
3									
4									
5									
6									
7									
8									
9									
10									
11									
12									
13									
14									
15									
16									
17									
18									
19									
20									
21									
22									
23									
24									
25									

NOTES:

CHECK AND DEBIT REGISTER

	Date	Description	Ref	Debit (-)		Credit (+)		Balance	
1									
2									
3									
4									
5									
6									
7									
8									
9									
10									
11									
12									
13									
14									
15									
16									
17									
18									
19									
20									
21									
22									
23									
24									
25									

NOTES:

CHECK AND DEBIT REGISTER

	Date	Description	Ref	Debit (-)		Credit (+)		Balance	
1									
2									
3									
4									
5									
6									
7									
8									
9									
10									
11									
12									
13									
14									
15									
16									
17									
18									
19									
20									
21									
22									
23									
24									
25									

NOTES:

CHECK AND DEBIT REGISTER

	Date	Description	Ref	Debit (-)		Credit (+)		Balance	
1									
2									
3									
4									
5									
6									
7									
8									
9									
10									
11									
12									
13									
14									
15									
16									
17									
18									
19									
20									
21									
22									
23									
24									
25									

NOTES:

CHECK AND DEBIT REGISTER

	Date	Description	Ref	Debit (-)		Credit (+)		Balance	
1									
2									
3									
4									
5									
6									
7									
8									
9									
10									
11									
12									
13									
14									
15									
16									
17									
18									
19									
20									
21									
22									
23									
24									
25									

NOTES:

CHECK AND DEBIT REGISTER

	Date	Description	Ref	Debit (-)		Credit (+)		Balance	
1									
2									
3									
4									
5									
6									
7									
8									
9									
10									
11									
12									
13									
14									
15									
16									
17									
18									
19									
20									
21									
22									
23									
24									
25									

NOTES:

CHECK AND DEBIT REGISTER

	Date	Description	Ref	Debit (-)		Credit (+)		Balance	
1									
2									
3									
4									
5									
6									
7									
8									
9									
10									
11									
12									
13									
14									
15									
16									
17									
18									
19									
20									
21									
22									
23									
24									
25									

NOTES:

CHECK AND DEBIT REGISTER

	Date	Description	Ref	Debit (-)		Credit (+)		Balance	
1									
2									
3									
4									
5									
6									
7									
8									
9									
10									
11									
12									
13									
14									
15									
16									
17									
18									
19									
20									
21									
22									
23									
24									
25									

NOTES:

CHECK AND DEBIT REGISTER

	Date	Description	Ref	Debit (-)		Credit (+)		Balance	
1									
2									
3									
4									
5									
6									
7									
8									
9									
10									
11									
12									
13									
14									
15									
16									
17									
18									
19									
20									
21									
22									
23									
24									
25									

NOTES:

CHECK AND DEBIT REGISTER

	Date	Description	Ref	Debit (-)		Credit (+)		Balance	
1									
2									
3									
4									
5									
6									
7									
8									
9									
10									
11									
12									
13									
14									
15									
16									
17									
18									
19									
20									
21									
22									
23									
24									
25									

NOTES:

CHECK AND DEBIT REGISTER

	Date	Description	Ref	Debit (-)		Credit (+)		Balance	
1									
2									
3									
4									
5									
6									
7									
8									
9									
10									
11									
12									
13									
14									
15									
16									
17									
18									
19									
20									
21									
22									
23									
24									
25									

NOTES:

CHECK AND DEBIT REGISTER

	Date	Description	Ref	Debit (-)		Credit (+)		Balance	
1									
2									
3									
4									
5									
6									
7									
8									
9									
10									
11									
12									
13									
14									
15									
16									
17									
18									
19									
20									
21									
22									
23									
24									
25									

NOTES:

CHECK AND DEBIT REGISTER

	Date	Description	Ref	Debit (-)		Credit (+)		Balance	
1									
2									
3									
4									
5									
6									
7									
8									
9									
10									
11									
12									
13									
14									
15									
16									
17									
18									
19									
20									
21									
22									
23									
24									
25									

NOTES:

CHECK AND DEBIT REGISTER

	Date	Description	Ref	Debit (-)		Credit (+)		Balance	
1									
2									
3									
4									
5									
6									
7									
8									
9									
10									
11									
12									
13									
14									
15									
16									
17									
18									
19									
20									
21									
22									
23									
24									
25									

NOTES:

CHECK AND DEBIT REGISTER

	Date	Description	Ref	Debit (-)		Credit (+)		Balance	
1									
2									
3									
4									
5									
6									
7									
8									
9									
10									
11									
12									
13									
14									
15									
16									
17									
18									
19									
20									
21									
22									
23									
24									
25									

NOTES:

CHECK AND DEBIT REGISTER

	Date	Description	Ref	Debit (-)		Credit (+)		Balance	
1									
2									
3									
4									
5									
6									
7									
8									
9									
10									
11									
12									
13									
14									
15									
16									
17									
18									
19									
20									
21									
22									
23									
24									
25									

NOTES:

CHECK AND DEBIT REGISTER

	Date	Description	Ref	Debit (-)		Credit (+)		Balance	
1									
2									
3									
4									
5									
6									
7									
8									
9									
10									
11									
12									
13									
14									
15									
16									
17									
18									
19									
20									
21									
22									
23									
24									
25									

NOTES:

CHECK AND DEBIT REGISTER

	Date	Description	Ref	Debit (-)		Credit (+)		Balance	
1									
2									
3									
4									
5									
6									
7									
8									
9									
10									
11									
12									
13									
14									
15									
16									
17									
18									
19									
20									
21									
22									
23									
24									
25									

NOTES:

CHECK AND DEBIT REGISTER

	Date	Description	Ref	Debit (-)		Credit (+)		Balance	
1									
2									
3									
4									
5									
6									
7									
8									
9									
10									
11									
12									
13									
14									
15									
16									
17									
18									
19									
20									
21									
22									
23									
24									
25									

NOTES:

CHECK AND DEBIT REGISTER

	Date	Description	Ref	Debit (-)		Credit (+)		Balance	
1									
2									
3									
4									
5									
6									
7									
8									
9									
10									
11									
12									
13									
14									
15									
16									
17									
18									
19									
20									
21									
22									
23									
24									
25									

NOTES:

CHECK AND DEBIT REGISTER

	Date	Description	Ref	Debit (-)		Credit (+)		Balance	
1									
2									
3									
4									
5									
6									
7									
8									
9									
10									
11									
12									
13									
14									
15									
16									
17									
18									
19									
20									
21									
22									
23									
24									
25									

NOTES:

www.ingramcontent.com/pod-product-compliance
Lightning Source LLC
Chambersburg PA
CBHW030015190526
45157CB00016B/2815
* 9 7 8 1 0 8 1 2 0 4 1 5 0 *